Togliendo Le Scarpe

di

Natascia Di Terlizzi

Per saperne di più visita il sito
www.natasciaditerlizzi.com

Self published

Introduzione

Questo libro di fotopoesia è una composizione fatta per ispirare, condividendo parti del mio diario, potendo dare un' immagine ai miei pensieri e allo stesso tempo dar voce alle mie foto.

Ho scritto questo diario tra due diversi viaggi fatti in solitaria che mi hanno cambiato la vita: quello per l`Inghilterra, Scozia e Irlanda, che era appena finito, e quello che doveva ancora iniziare, per il Sud America.

Durante questo periodo di "pausa" ho ritrovato la connessione con Madre Natura tornando nel posto in cui sono cresciuta, mi son nutrita ancor più di sogni e voglia di vivere, scoprire e conoscere questo mondo, che mi ha dato la forza di prendere e fare tutto da sola.

Gran parte delle foto sono state scattate a Prato Drava, un piccolo paesino italiano al confine con l`Austria, il posto in cui sono cresciuta.

Natascia Di Terlizzi
Ottobre 2015

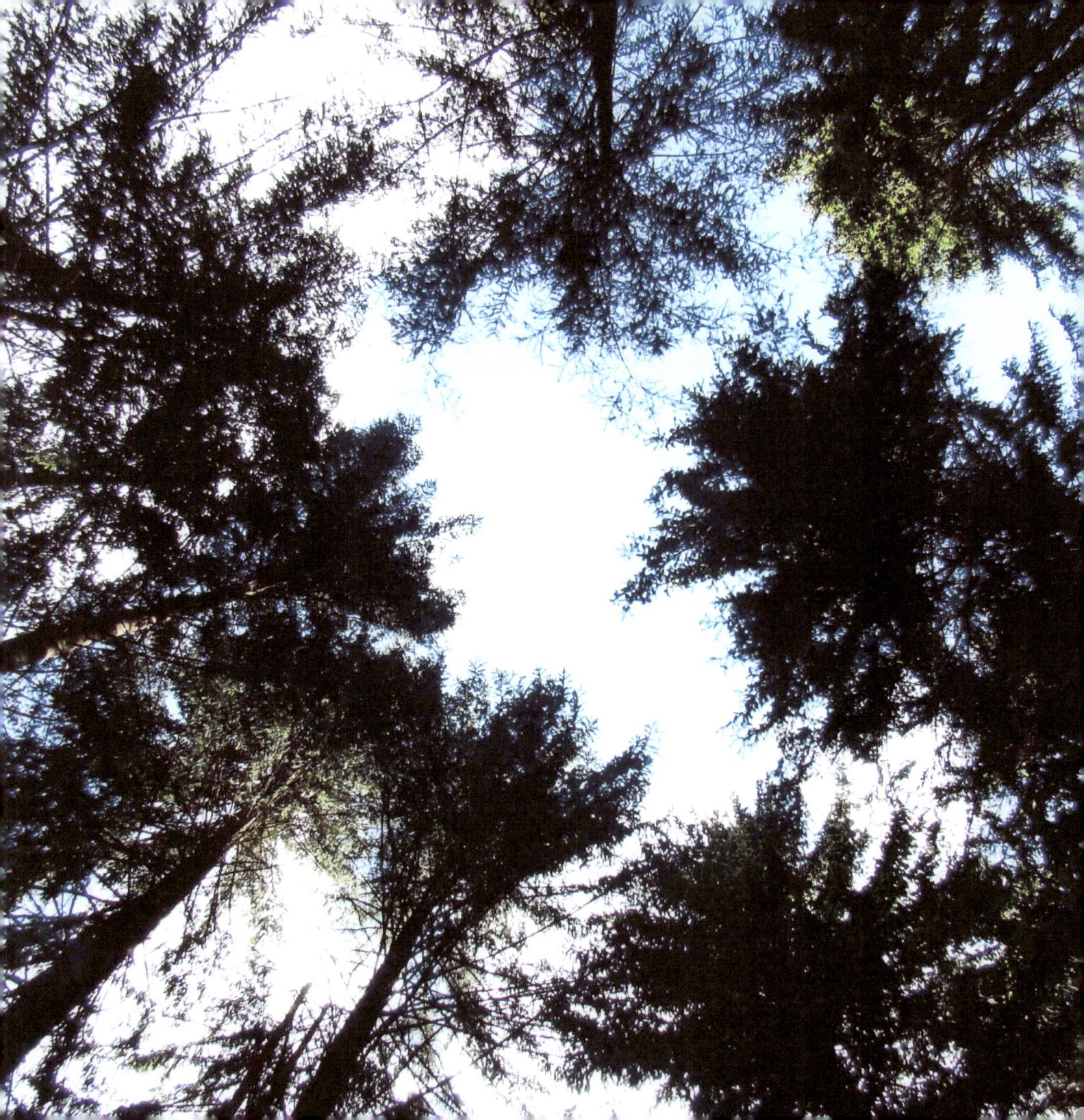

Il verde di queste braccia
Di rami e di foglie,
Tutto raccoglie e accoglie,
Tutto rinasce, cresce e
Fiorisce,
Tutto torna a brillare di colore,
Di vita, di profumo.
E sento il mio cuore,
Al sole,
Che tace.
Finalmente tutti i sospiri in una tomba,
In un cimitero lontano.

Ora gli occhi accarezzano
Le nuvole
Con un dito,
Disegnano case tra le stelle nel cielo
Infinito.

Lascio su questa pagina
Delle semplici parole,
E chissà se mai lette
Da qualcun altro
Prenderanno un nuovo sapore.

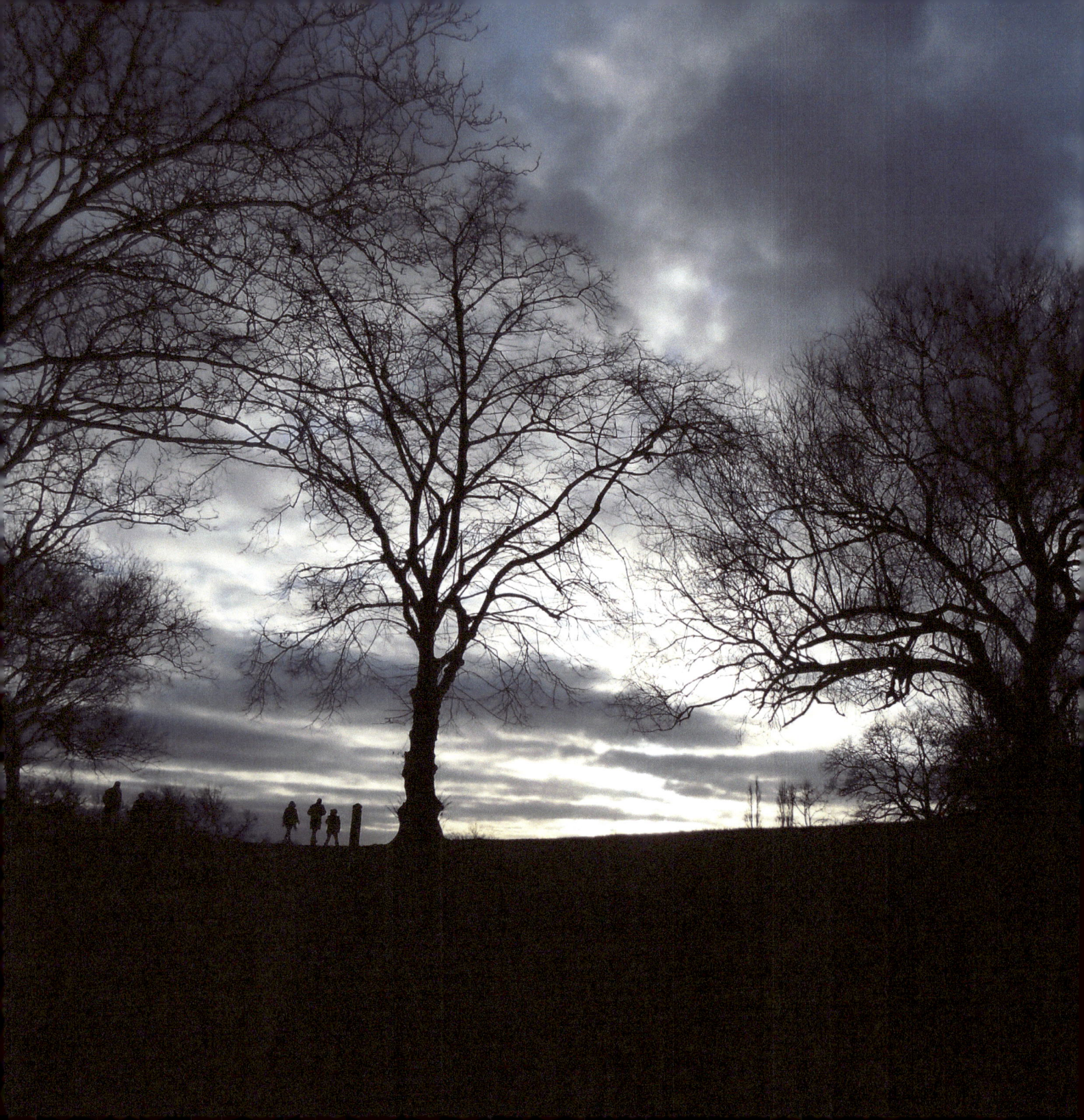

Incastrata tra le nuvole
Con lo sguardo sopra al mondo,
Solo un piccolo spicchio di terra.
Cullata dalle note di questa canzone.

A piedi nudi per il mondo
Con la terra io mi fondo,
Voglio vedere e scoprire,
Ogni porta voglio aprire,
Assaggiare ogni sapore,
Respirare aria di mare,
Chiudere gli occhi e sognare,
Ogni profumo odorare.
Voglio viver questa vita,
In discesa e in salita.

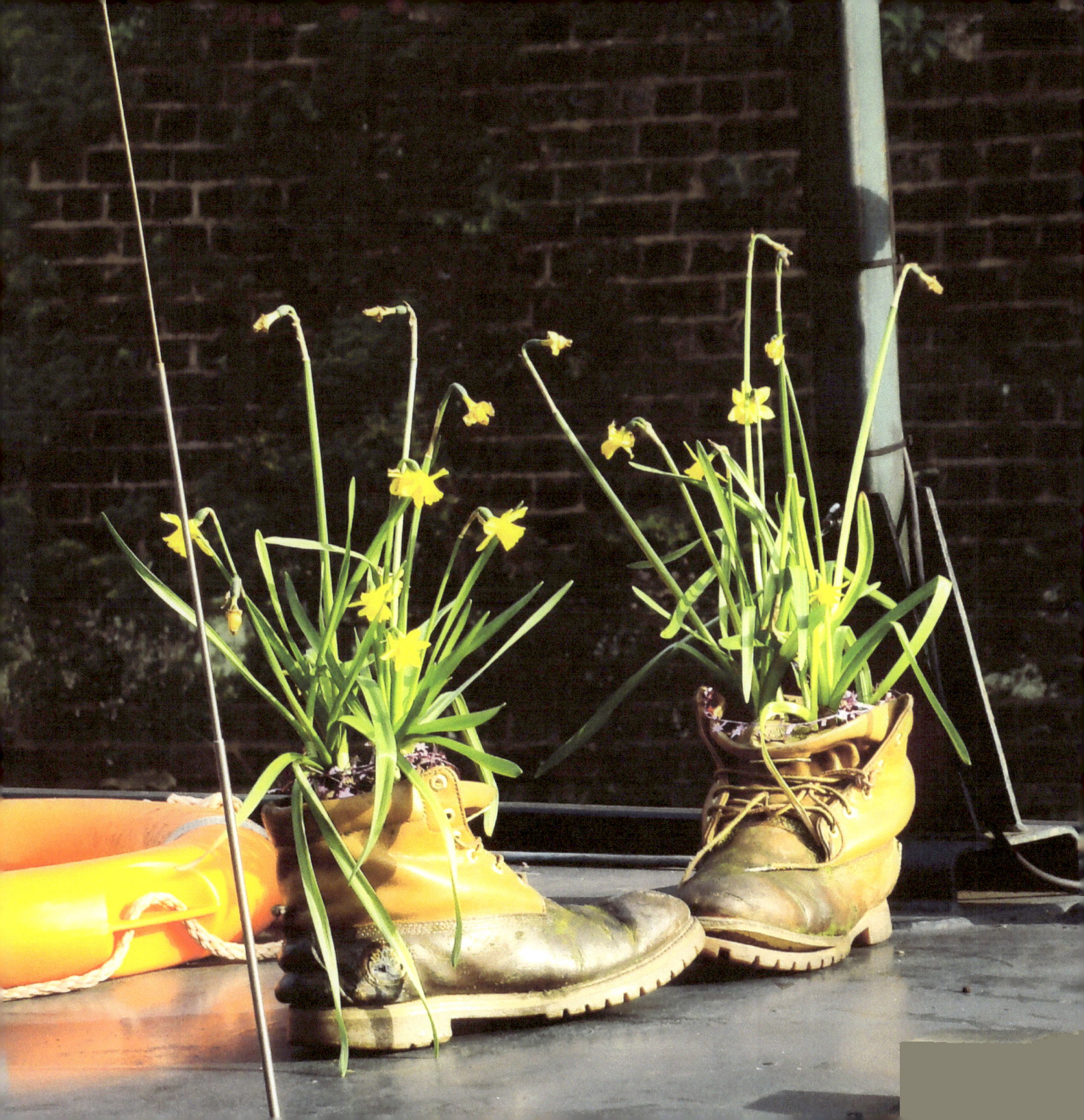

L'inchiostro di questo viaggio
Poco racconta al vecchio saggio
Che già in molti posti ha vissuto,
A molte aurore assistito.
Sento il mio cuore non battere più,
Penso di dover andare via
Da qualche parte,
Su o giù.

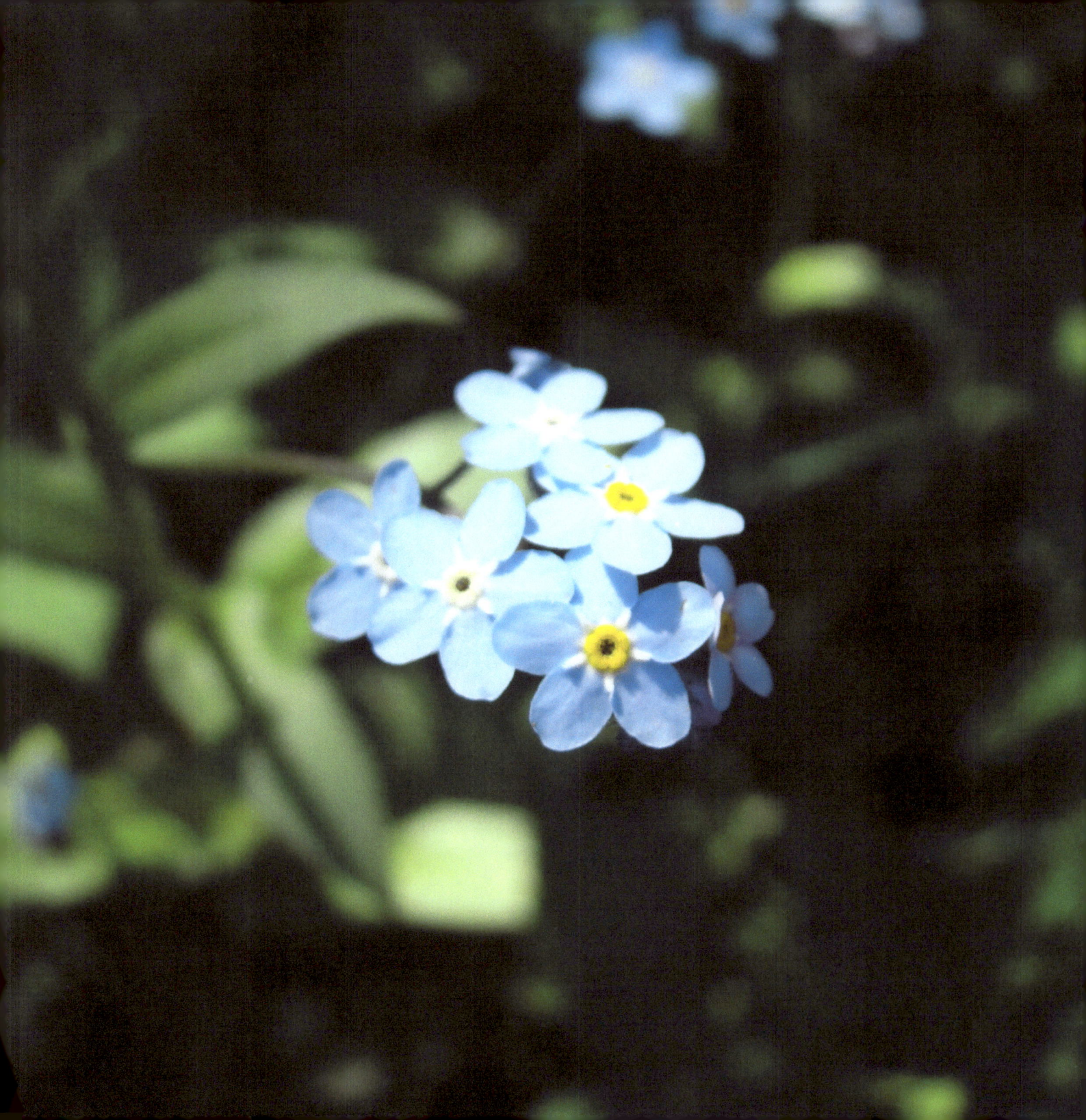

Quante parole nella mia testa,
Quante ciactrici nel mio cuore,
Quanti tagli sulle mie mani,
Quanto sangue tra le mie dita.
Prendi e vai via,
Nessuno ti segue,
Canti e balli,
Piangi, mentre
Il cielo è ancora pieno di stelle
E i prati pieni di fiori.
I tuoi occhi tra le tue lacrime
Brillano, dopo vedrai meglio;
Sei bella quando sorridi,
Vedrai, andrà tutto bene.

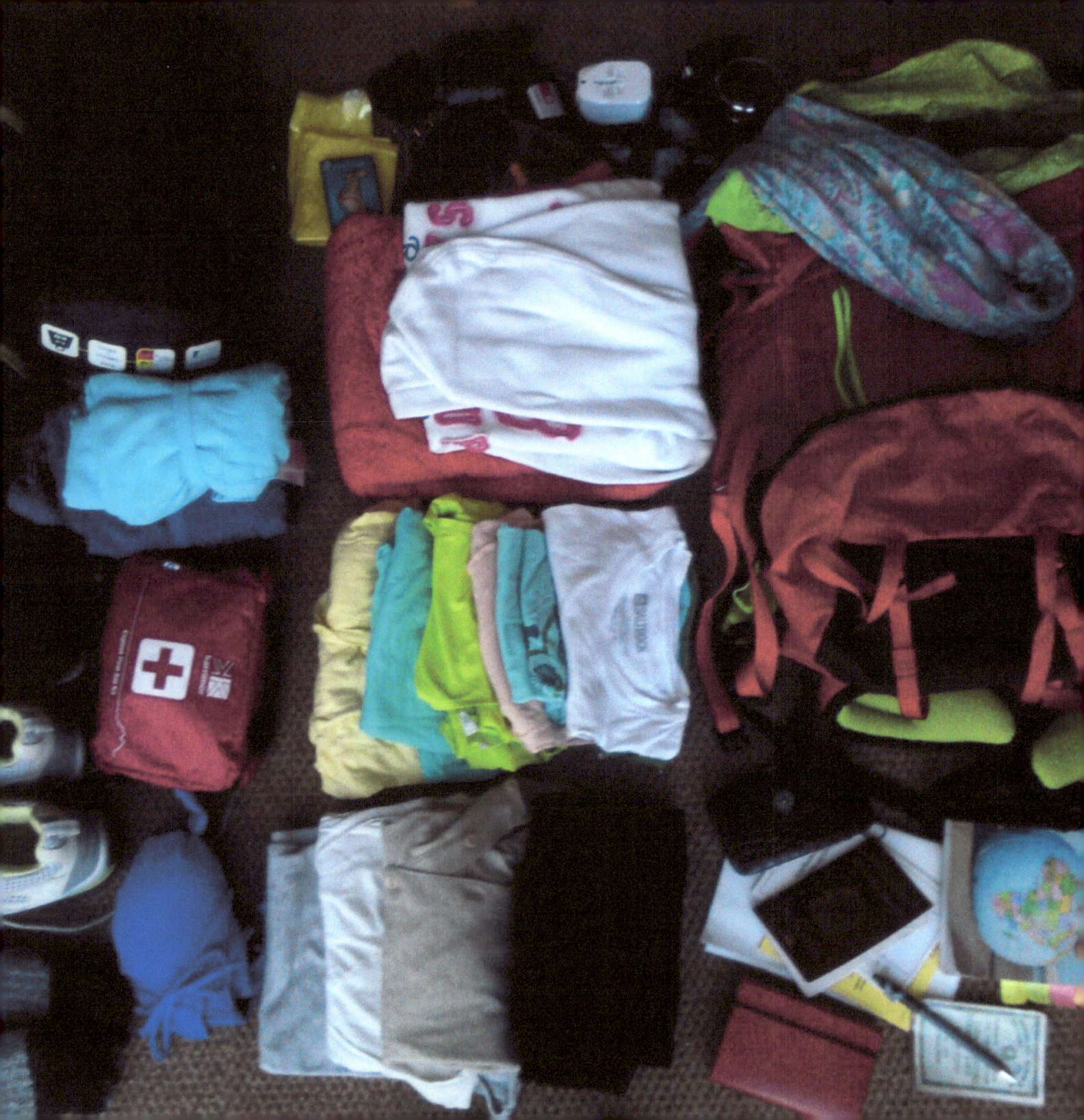

Prendi il tuo zaino e
Non guardare mai indietro,
C'è un mondo lì fuori che ti aspetta,
Non per le tue lacrime,
Non per le tue paure,
Ma per il tuo sorriso,
Che illumina te e tutto ciò
Che ti sta attorno.
Anima bella,
Insegui i tuoi sogni.

Da sola

Ma mai sola.

Come fa il fiume ad avere un corso così costante?
Come fa di nuovo a tornare tutto verde
Dopo un inverno così freddo?
Come fa il sole a scadare di nuovo?

Seduta qui comodamente
Circondata da alberi, accanto a questo profumo che mi ricorda
Fresche estati e
Fragole.
La natura è così calma e
Pacifica.

Non esiste terapia migliore
Che sedersi in silenzio con
La natura e ascoltare
Le canzoni degli uccelli,
Il discorso del fiume,
Le storie del vento.

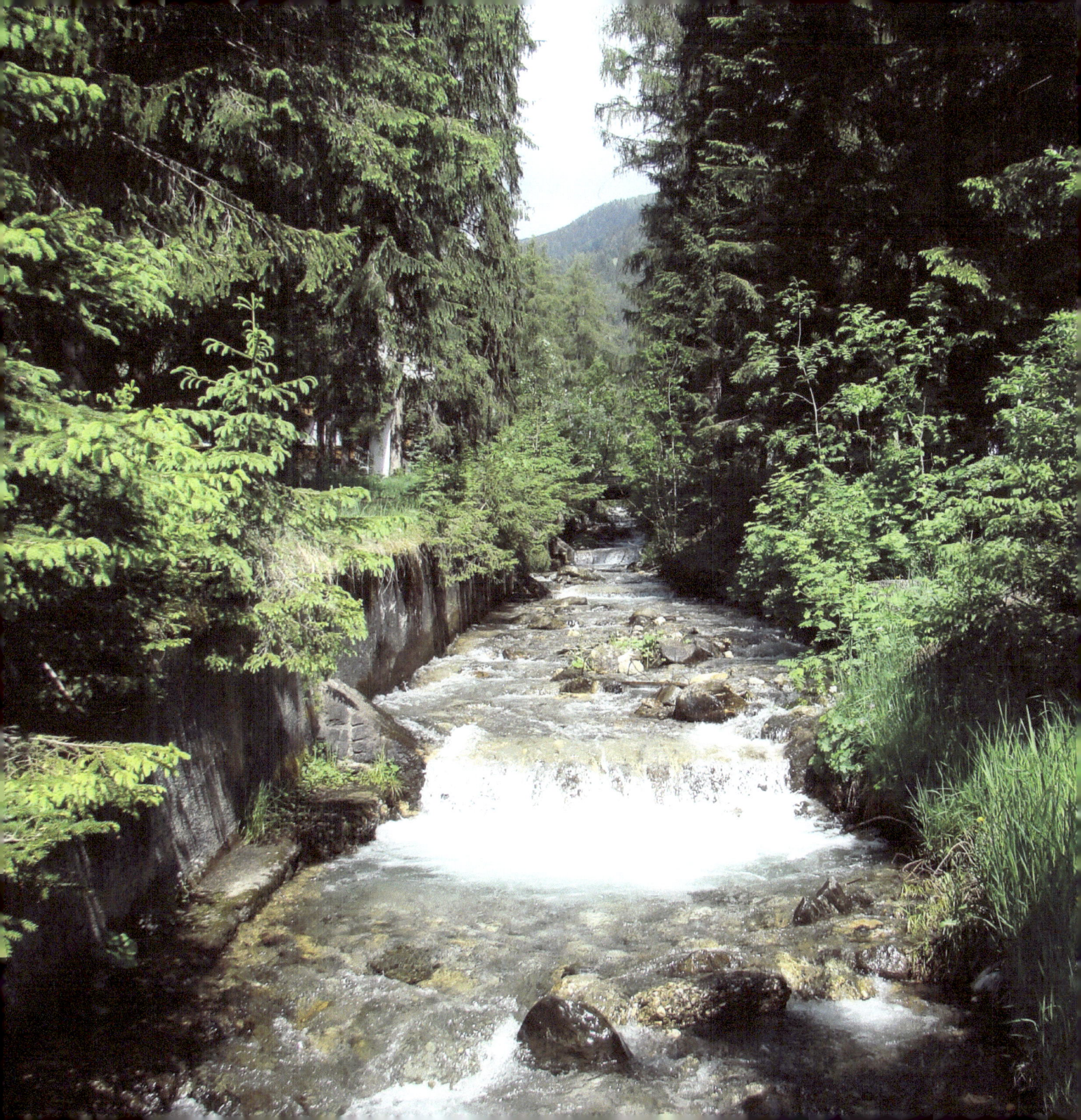

Piango davanti allo
Specchio,
Vedo la scia delle
Mie lacrime disegnate lentamente
Sulle mie guance.
Una goccia d'acqua salata
Finendo
Sulle mie labbra
Mi ricorda
Che l'oceano ha lo stesso sapore
Della libertà.

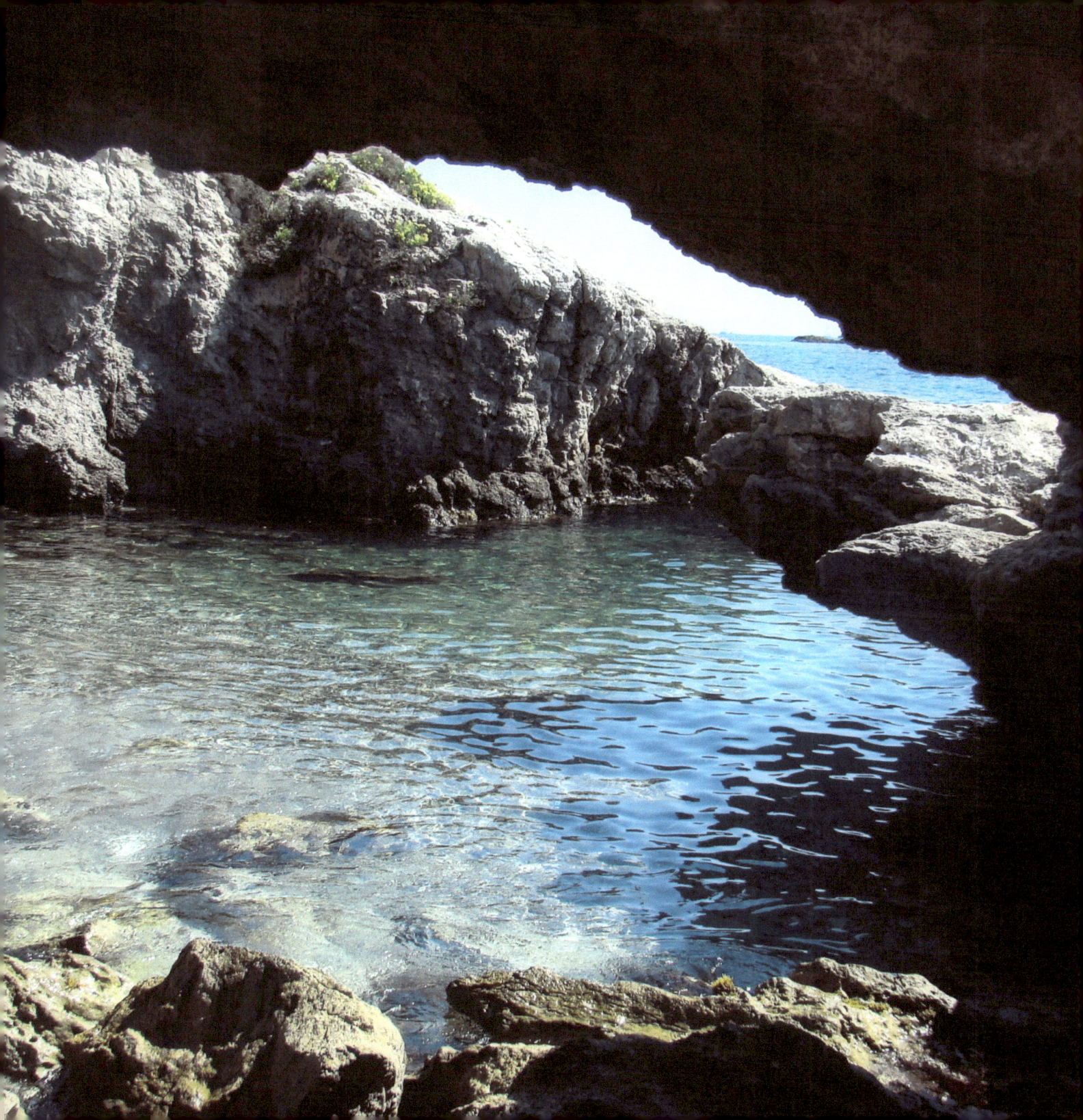

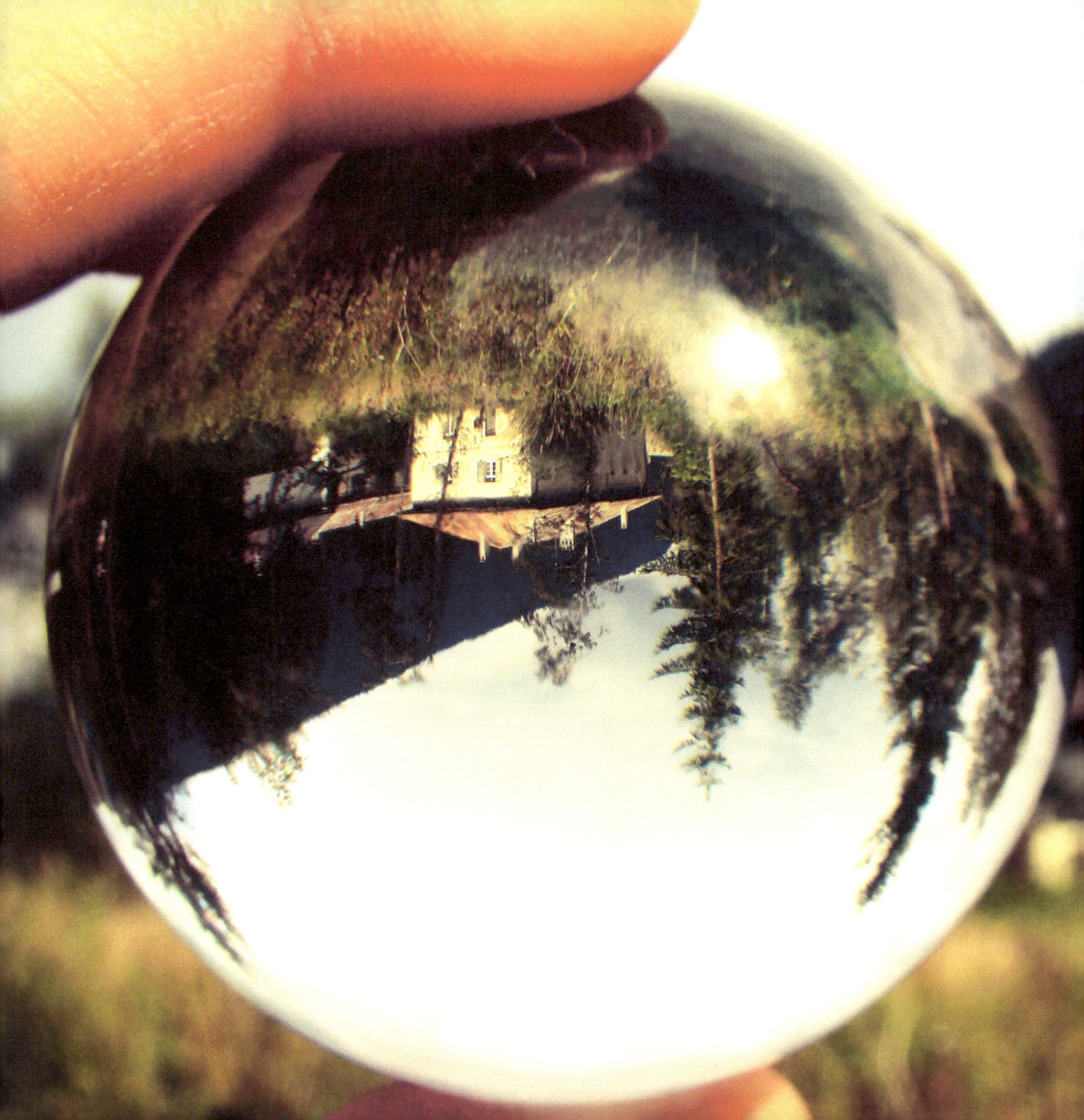

Rallenta, prendi una pausa,
Apri gli occhi.
Brucerà, sai,
È la verità, vedrai
La realtà così com'è davvero,
Ma farà male
Ai tuoi occhi, ti farà
Piangere, come la prima volta che
Vedi il sole.
Non tutti son così forti
Da tenere gli occhi aperti
E accettare la verità,
La realtà,
Forse per renderla migliore,
Per combattere
Per le cose buone,
Che la magior parte della gente non vede,
Perché richiudono gli occhi.

È più facile tornare nella propria sfera di
Cristallo
E restare lì
Comodamente.
Ma che senso ha?
Quale può essere la tua missione
Se non fai semplicemente niente?
Come puoi dire di aver vissuto
Se
Non hai esplorato,
Visto,
Non sei cresciuto,
Cambiato,
Non hai reso le cose migliori?

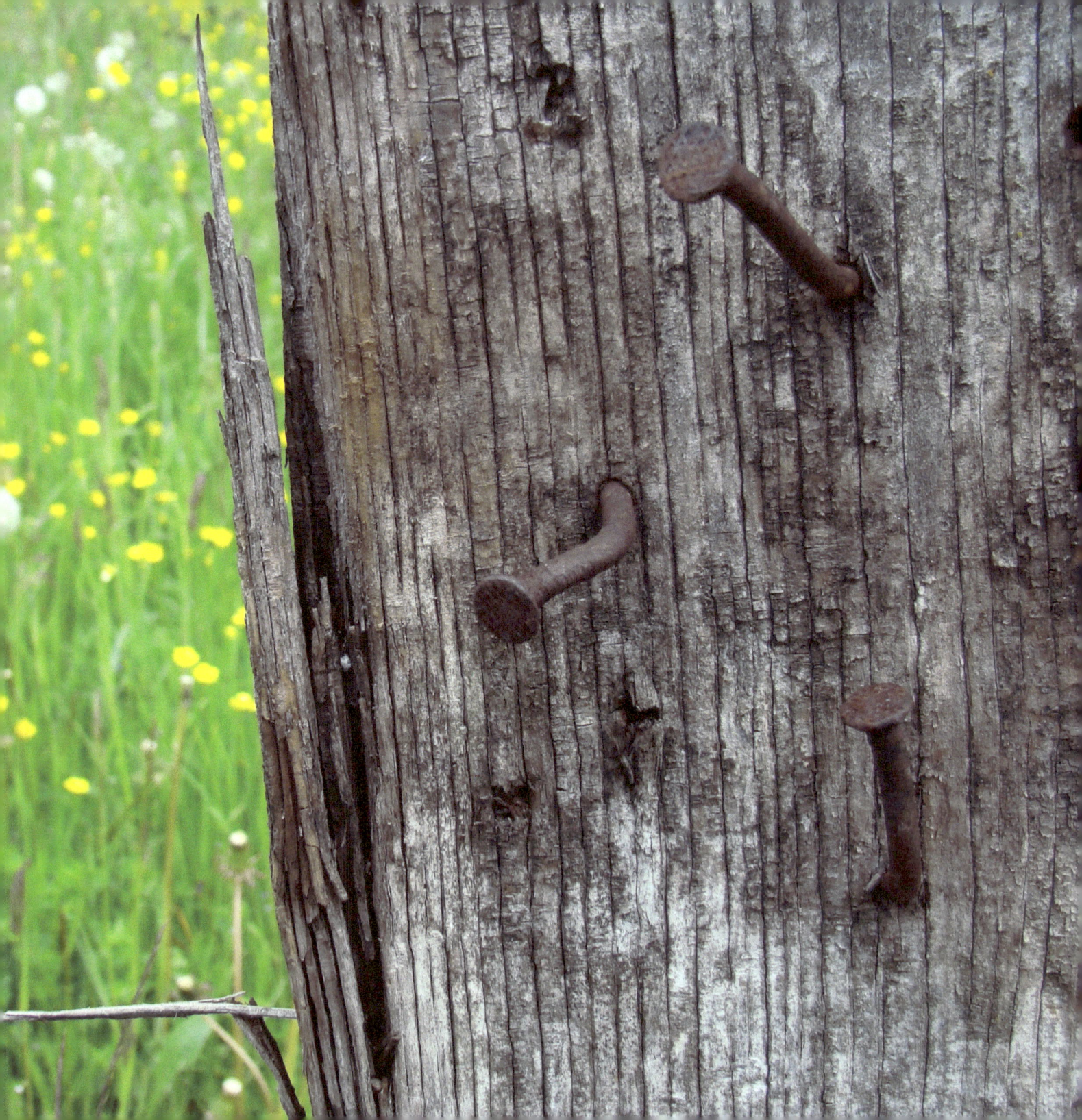

Sento il proiettile
Entrare nella mia pelle
Lentamente,
Bruciado quel che sta attorno,
Ma dandomi un senso
Di pace e libertà.
Tutto attorno a me diventa
Nero
E tu sei l'unica cosa che vedo.

L'ultimo momento del ragno.

Quei rami che ambiscono al cielo,
Il loro verde brilla sotto i raggi del sole.
A un certo punto tutto,
Privo di vita,
Crolla,
Crolla per via di mani
Assassine.
E resta quella sedia fatta di anelli
In memoria delle stagioni passate,
Come un libro racchiudono,
In quel che resta del tronco,
Le storie delle notti stellate,
Dei pesanti inverni innevati,
Delle estati profumate.

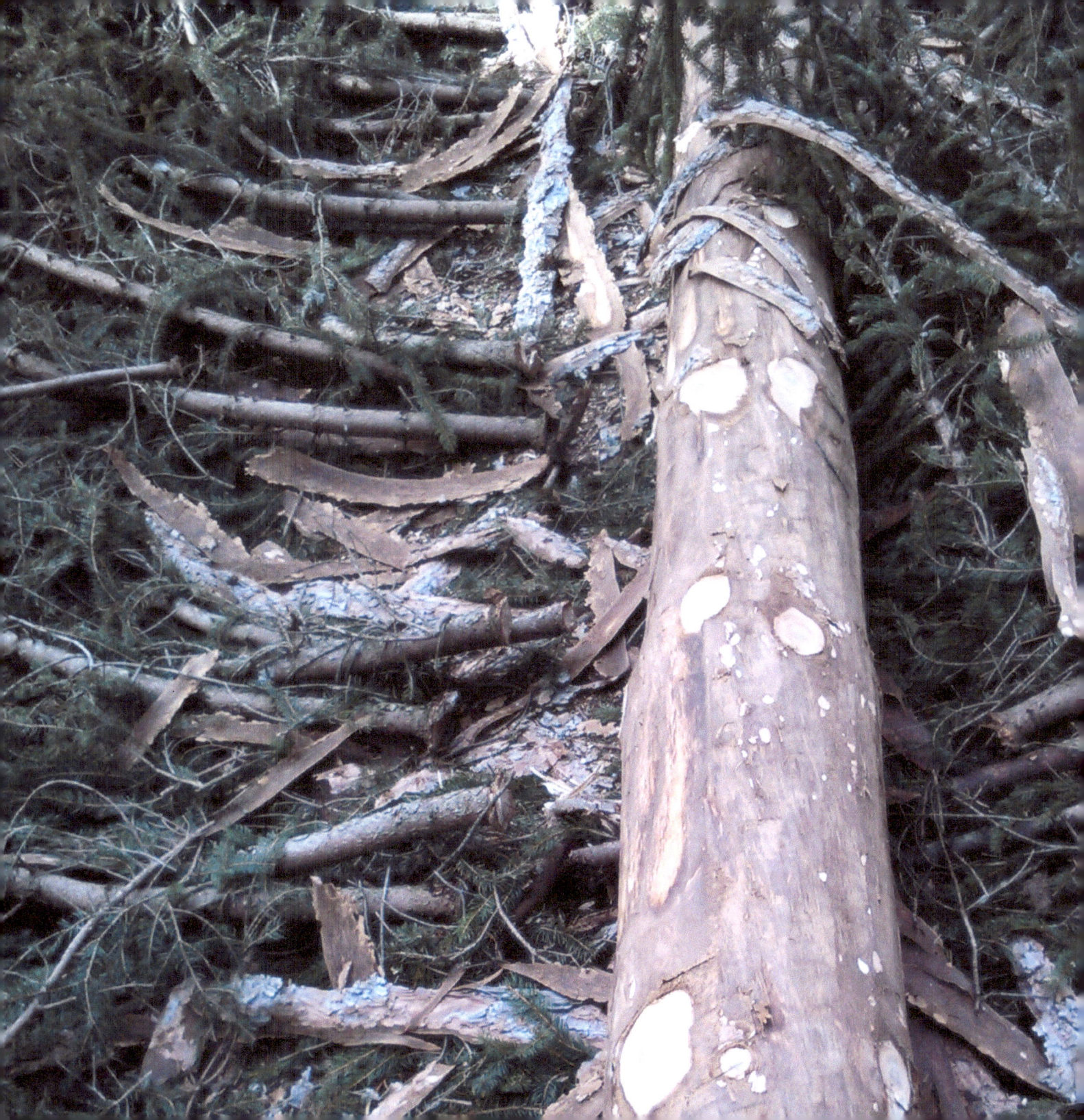

Vedo la verità attraveso un
Caleidoscopio.
Il mondo coperto d'acqua o
Fumo?
Il mio tornado sta riposando,
La mia anima zingara è sonnolenta,
Relativamente calma.
Pensando profondamente
Circondata da stelle di cotone.

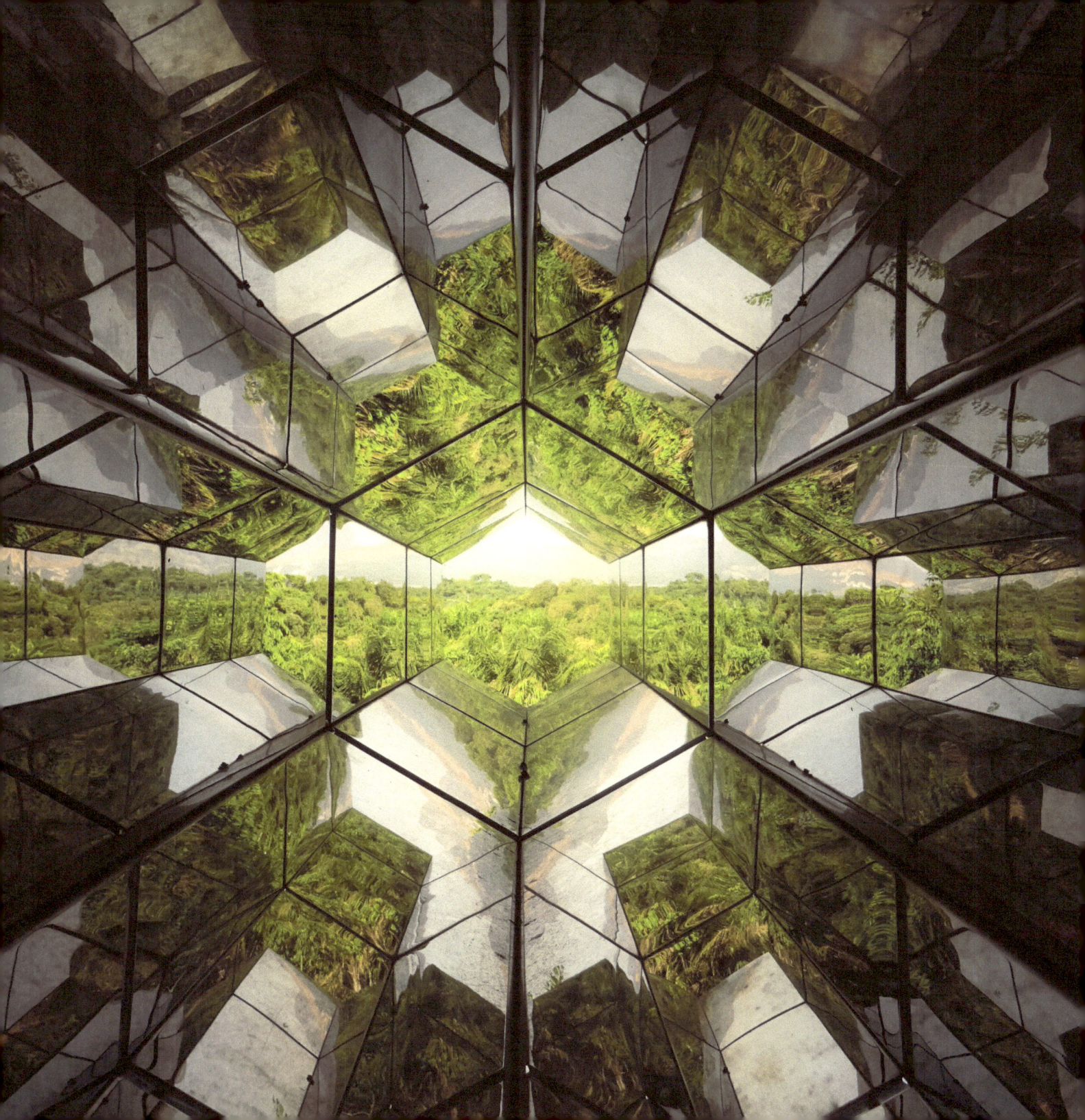

Camminando sotto la luce del sole
I miei occhi chiusi,
Il vento tra i miei capelli,
Il calore sulla mia pelle,
Un sorriso sul mio volto;
Straniera nel posto dove son cresciuta,
Non appartengo a questo posto,
Ma troverò casa.

Come posso amare tutto questo,
Ma allo stesso tempo voler andare via?
Come può questo essere normale;
Avere tutto, ma
Non volere niente?

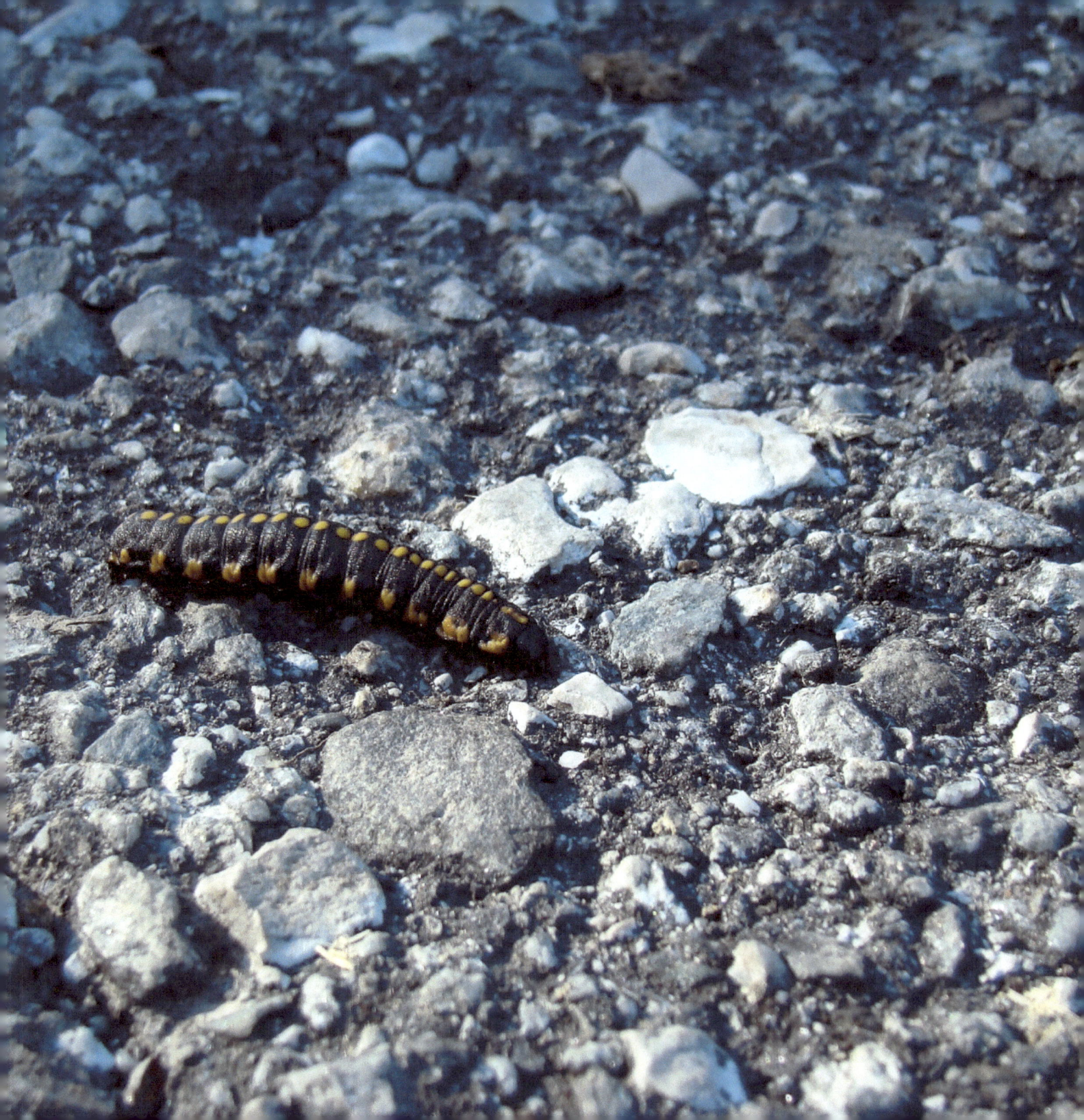

Sento i miei piedi bloccati nel cemento
Pesanti.
In una bolla fatta di superficialità, vivere in questa
Realtà mi fa star
Male.
Come puoi, tu, passare tutto il tempo
Così?

Perchè i pensieri aumetano il volume di notte?
Perchè mi sento incompleta se so esattamente quello che voglio fare?
Forse perchè sono ancora qui, ma
Viaggerò e vedro il mondo,
Diventerò un'anima unica con la Terra
In differenti culture e lingue, colori e sfumature,
Imparerò, capirò,
Esplorerò,
Crescerò e sempre migliorerò.
La mia anima zingara diventerà
Un mosaico di esperienze,
Momenti indimenticabili,
Un libro pieno di capitoli,
Storie e avventure,
Un album pieno di volti,
Sorrisi, panorami meravigliosi,
Una scatola piena di
Amore
Felicità
Armonia.

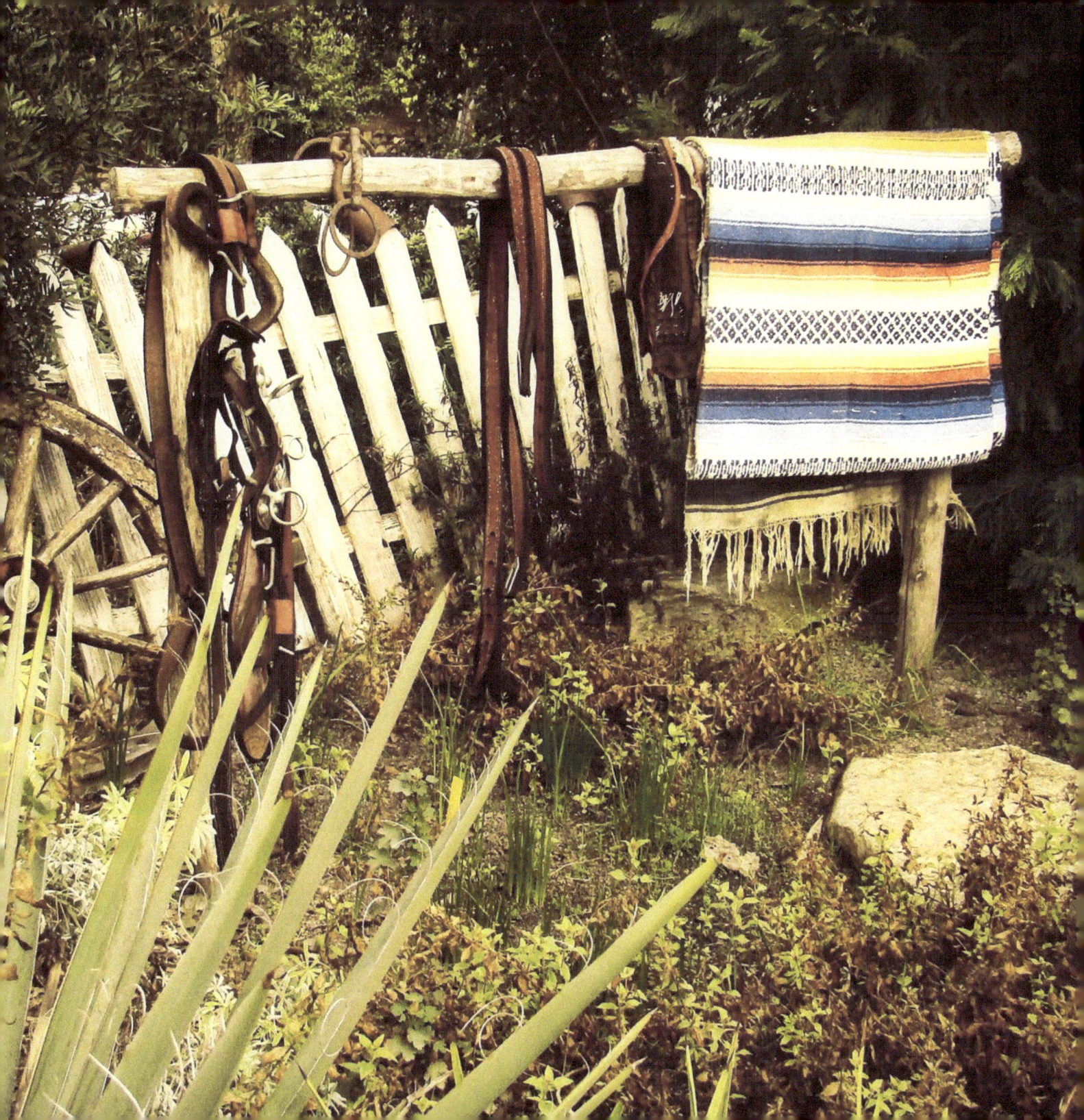

Le persone son così ceche.
Perchè non riescono a vedere gli alberi danzare
Alla melodia che suona il vento?

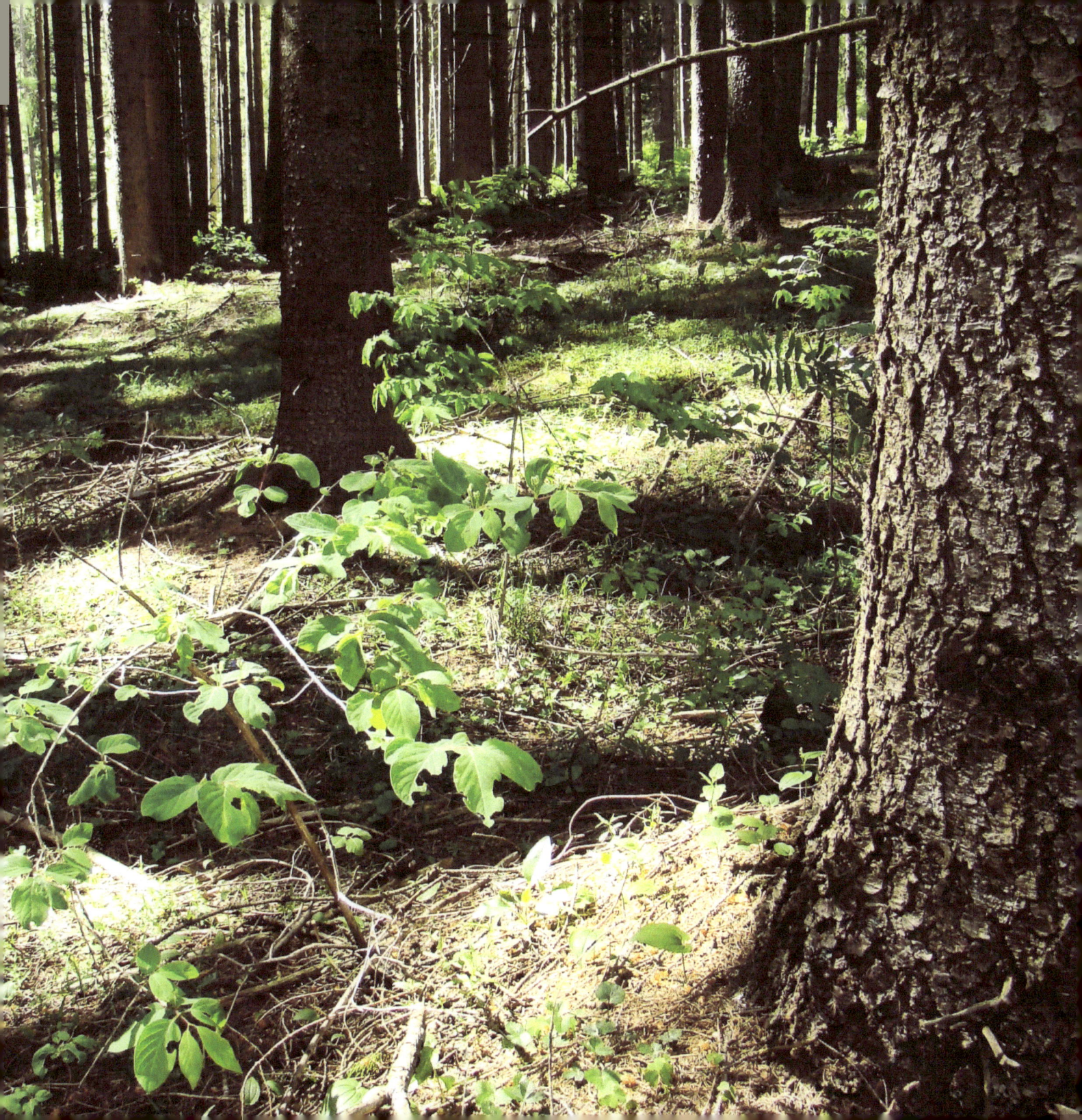

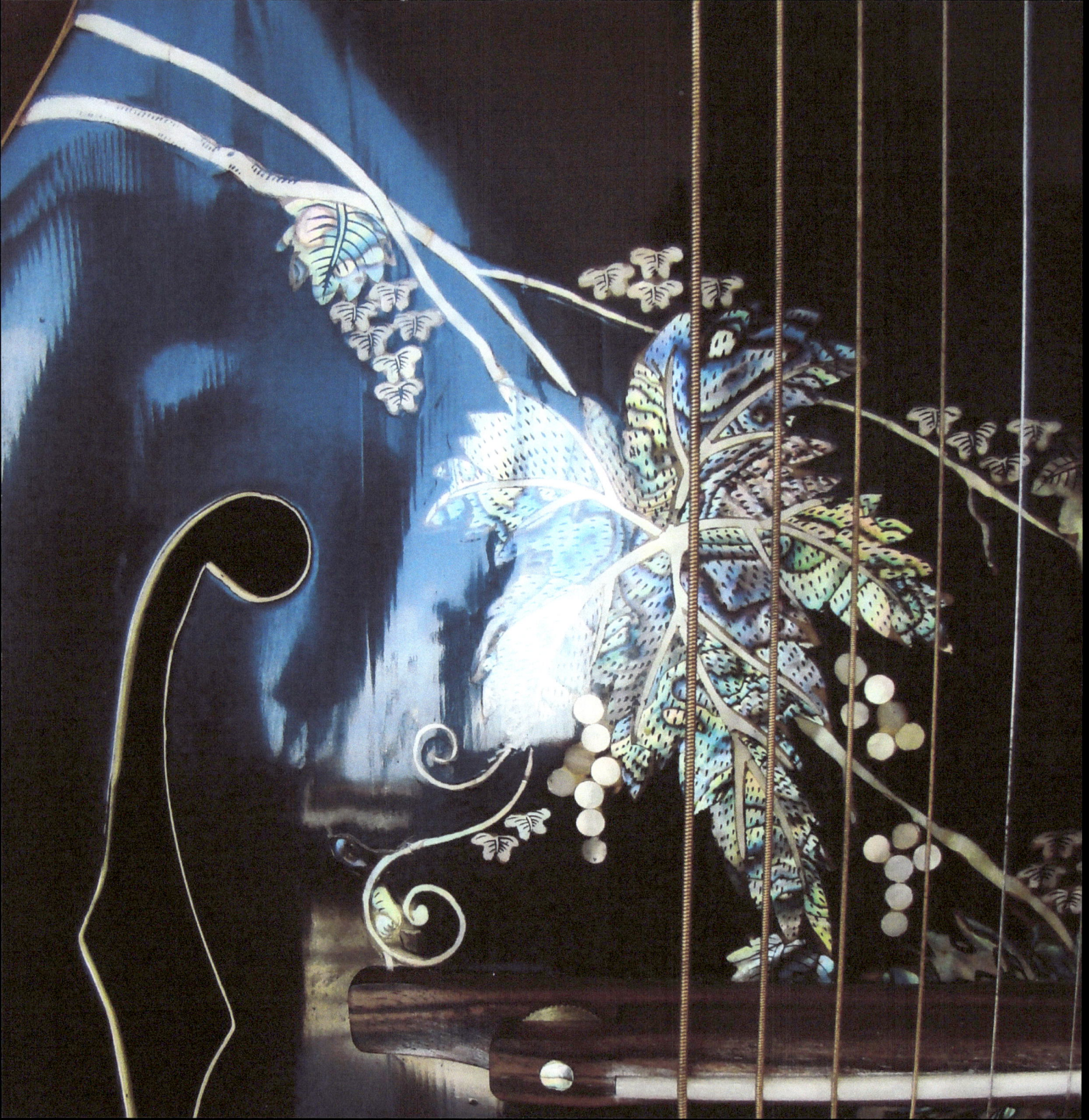

Smettila di essere passivo,
Vivi la tua vita,
Stringila tra le mani
E spremine i colori
Rendila un dipinto indelebile,
Un'opera d'arte,
Una canzone dalle note brillanti,
Un violino dalle corde d'oro
Che galleggerà sulle onde
Dell'acqua che scorrerà
Tra le rughe sul tuo volto.

www.ingramcontent.com/pod-product-compliance
Lightning Source LLC
Chambersburg PA
CBHW050905180526
45159CB00007B/2794